UNIVERSITÉ DE FRANCE.

ACADÉMIE DE STRASBOURG.

THÈSE POUR LA LICENCE,

PRÉSENTÉE

A LA FACULTÉ DE DROIT DE STRASBOURG,

ET SOUTENUE PUBLIQUEMENT

Le Lundi 30 Août 1841, à 4 Heures de Relevée,

PAR

F. ÉDOUARD FERRY,

DE SAINT-DIÉ (VOSGES).

STRASBOURG,
Imprimerie de PH.-ALB. DANNBACH, rue du Bouclier, 1.
1841.

A MON PÈRE ET A MA MÈRE.

Amour sans bornes.

A MON GRAND-PÈRE ET A MA GRAND'MÈRE FERRY.

Affection ; respect.

F. E. FERRY.

A MADAME MILLON,

MA BONNE GRAND'MÈRE.

Hommage respectueux.

A mon Oncle Ferry, Avocat,

MON GUIDE ET MON AMI.

Reconnaissance; dévouement.

F. E. FERRY.

FACULTÉ DE DROIT DE STRASBOURG.

M. RAUTER, Doyen de la Faculté.

Président de la Thèse : M. Rauter.

Examinateurs : MM. Rauter, Hepp, Heimburger, Professeurs.
Lafon, f. f. de Professeur suppléant.

La Faculté n'entend approuver ni désapprouver les opinions particulières au candidat.

DROIT CIVIL FRANÇAIS.

DE LA VENTE.

(Art. 1582 à 1602 du Code civil.)

CHAPITRE PREMIER.

DÉFINITION, ORIGINE, NATURE DU CONTRAT DE VENTE.

Aucun homme n'a le privilége exclusif de réunir à la fois tous les dons de la nature. Ces dons, au contraire, nous ont été distribués assez également pour que nous ne puissions pas nous passer les uns des autres. Si l'être faible a besoin de la protection du plus fort, celui-ci est souvent forcé d'avoir recours aux conseils et à la prudence du premier. De là l'origine des services que les hommes se rendent journellement; de là la communication et l'échange de leurs avantages respectifs, de leurs travaux, de leur force, de leurs connaissances et de leur industrie. Ces besoins de l'humanité suivent la marche progressive de la civilisation. En se multipliant ils ont fait naître les relations commerciales entre les peuples et les membres d'un même peuple.

Aussi bientôt, à l'échange des services et des objets de première nécessité vint s'ajouter l'échange des propriétés, l'établissement de la monnaie; cette marchandise, qui porte en elle-même la preuve de sa quantité et de sa qualité, a facilité les négociations et la ciculation des biens; il a été convenu qu'elle serait l'agent des achats et ventes.

Le plus ancien des contrats est donc l'échange ; il a précédé la vente, qui est une espèce d'échange et n'en diffère que sous un seul rapport : c'est qu'en la vente on donne toujours de l'argent monnayé en retour de la livraison de la chose.

La vente appartient en même temps au droit naturel, au droit des gens, et au droit civil : au droit naturel, puisqu'elle tire son origine des besoins des hommes réunis en société ; au droit des gens, car elle est en usage chez toutes les nations ; au droit civil, puisque les dispositions du Code civil qui y sont relatives l'ont mise en harmonie avec les intérêts et les besoins des membres de la nation française.

La vente est un contrat consensuel, synallagmatique parfait et commutatif, par lequel l'une des parties s'oblige à transférer à l'autre la propriété d'une chose, moyennant un prix que celle-ci s'engage à lui payer.

La vente est un contrat *consensuel*, parce qu'elle est parfaite par le seul consentement des parties contractantes.

Elle est un contrat *synallagmatique* parfait, parce qu'il y a, au moment même de la formation du contrat, des obligations réciproques entre le vendeur et l'acheteur.

Elle est un contrat *commutatif*, parce que le prix que donne l'acheteur est considéré par le vendeur comme l'équivalent de la chose dont il transfère la propriété.

La définition de la vente donnée par le Code civil, à l'art. 1582, est incomplète; son complément se trouve dans l'art. 1583, qui fait voir que le contrat de vente contient l'obligation implicite de rendre l'acheteur propriétaire de la chose qui lui est livrée. Cette obligation du vendeur n'existait pas en droit romain ; la vente n'avait pour effet que de forcer le vendeur à transmettre à l'acheteur tous ses droits sur la chose vendue, moins le droit de propriété, et à le garantir du trouble et de l'éviction. Si le vendeur entendait s'obliger à transférer la propriété, la convention n'avait plus ni la qualité ni les caractères d'une vente : elle était métamorphosée en une espèce de contrat innommé.

CHAPITRE II.

FORME DE LA VENTE.

La vente est un contrat *non solennel.* En effet l'acte instrumentaire, authentique ou sous signature privée, qui est destiné à recevoir la convention des parties contractantes n'est point un des éléments nécessaires à la perfection de la vente. La loi n'impose point au vendeur et à l'acheteur l'obligation de passer acte de leurs conventions respectives ; ils peuvent même se contenter d'une vente verbale [1]. L'écriture ne leur est conseillée que comme précaution toujours bonne à prendre dans la prévision d'un différend ou de quelque acte de mauvaise foi.

La vente verbale peut même être prouvée par témoins, lorsque la valeur de l'objet vendu est inférieure à 150 francs [2]. La rédaction de la vente par acte authentique ou sous seing privé n'est requise que pour l'admission de la preuve testimoniale, dans le cas où la valeur de l'objet vendu dépasse ce chiffre. Alors, si on avait négligé de dresser un acte écrit de la convention des parties, celle qui aurait le désir de faire entendre des

[1] Arg. de l'art. 1582 du Code civil, alinéa 2.
[2] Art. 1341 Cod. civ.

témoins pour établir ses droits et sa qualité serait déclarée non recevable, par suite de l'inobservation de la formalité prescrite, à moins que cette partie n'ait en sa faveur un commencement de preuve par écrit.

Il n'est reçu aucune preuve par témoins contre et outre le contenu aux actes de la vente, ni sur ce qui serait allégué avoir été dit avant, lors, ou depuis ces actes, encore qu'il s'agisse d'une somme ou valeur moindre de 150 francs [1].

Si la vente est faite par acte sous seing privé, comme cet acte instrumentaire contient une convention synallagmatique, il faut qu'il soit fait en deux originaux; car il n'y a jamais plus de deux parties ayant un intérêt distinct. Chaque original doit contenir la mention que l'acte est fait en double [2].

Il arrive très souvent que les parties stipulent entre elles que la vente ne sera parfaite qu'après qu'elle aura été rédigée par écrit. Dans ce cas, suivant le principe que toute convention licite fait la loi des contractants, l'écriture est indispensable à la perfection du contrat. Cette exception découle ici d'une espèce de condition suspensive qui a pour effet de modifier les règles générales de la matière.

Est-il permis de faire une vente par lettres missives? Cette question, qui se trouvait résolue affirmativement dans le droit romain, a divisé les auteurs qui ont écrit sur notre Code civil. On a soutenu, d'une part, que la prohibition de ces sortes de ventes ressort de l'esprit de la loi. Pour le prouver, on a tiré un argument de ce que les actes sous seing privé renfermant des conventions bilatérales, doivent être faits doubles. Les partisans de l'affirmative, que nous croyons préférable, ont réfuté l'objection en disant que, si la correspondance n'était point faite en double,

[1] Comb. art. 1341 et 1347, alin. 1 Cod. civ.
[2] Art. 1325 Cod. civ.

comme les autres actes sous seing privé, c'était une exception. Au reste, si le Code reconnaît la validité des ventes verbales, à plus forte raison est-il convenable d'attribuer le même effet aux ventes constatées par la correspondance des parties. Au nombre des manières de prouver les achats et ventes, le Code de commerce a rangé les actes sous seing privé et a côté la correspondance ; ce sont donc là deux moyens de preuves tout à fait distincts.

On peut faire des ventes pures et simples et des ventes conditionnelles. La condition est *suspensive* ou *résolutoire*. Suspensive, quand les obligations des parties sont subordonnées à un événement futur et incertain, ou à un événement actuellement arrivé, mais encore inconnu des parties. — Résolutoire, quand de l'accomplissement de la condition résultent la révocation des engagements et la remise des choses au même état que si les obligations n'avaient pas existé [1].

La condition étant suspensive, une partie ne peut, sans le consentement de l'autre, rompre ce qui a été convenu, tant que dure la suspension.

La condition résolutoire n'empêche pas les obligations de recevoir immédiatement leur exécution ; seulement, la resolution arrivant, le vendeur et l'acheteur sont considérés comme ayant toujours été propriétaires l'un de sa chose et l'autre de son prix ; les hypothèques ou autres charges créées par l'acheteur sont anéanties.

Quant aux fruits qu'il a perçus, il les fait siens au moyen de la possession de bonne foi. En un mot, dans tous les cas, l'effet de la vente est réglé par les principes généraux des conventions [1]. Il est a remarquer que la condition résolutoire est

[1] Art. 1181 et 1183 Cod. civ.
[2] Art. 1168 à 1184 Cod. civ.

toujours sous-entendue de plein droit dans le contrat de vente pour le cas où l'une des deux parties ne remplirait pas ses obligations [1].

CHAPITRE III.

DES CONDITIONS ESSENTIELLES À L'EXISTENCE DU CONTRAT DU VENTE.

On sait qu'il faut bien se garder de confondre les conditions essentielles à l'existence d'un contrat avec les conditions nécessaires à sa validité.

Les conditions essentielles *à l'existence* du contrat de vente sont celles sans le concours desquelles il ne peut exister. Trois choses sont de son essence : 1° le consentement du vendeur et de l'acheteur sur la chose et sur le prix ; 2° un prix qui soit l'équivalent de la chose vendue ; 3° une chose vendue.

SECTION PREMIÈRE.

Du consentement des parties et des effets de leur consentement.

Toutes les conventions sont le résultat du consentement libre, sérieux et réfléchi des personnes qui contractent ; sous ce rapport général, le consentement est rangé parmi les conditions requises pour la validité des conventions. Dans un sens plus restreint, relativement aux contrats consensuels et à la vente en

[1] Art. 1184 et 1654 Cod. civ.

particulier, le consentement est un élément essentiel à leur existence. Il doit porter à la fois sur la chose à vendre, sur le prix et sur les clauses et modalités d'après lesquelles les parties ont entendu régler le contrat.

L'effet du consentement réciproque donné par le vendeur et par l'acquéreur est d'investir ce dernier de la propriété de la chose vendue, et alors même qu'il n'y a pas eu de tradition ni de payement du prix.

Nous avons déjà vu qu'en cela le Code civil a suivi un système diamétralement opposé à celui des législateurs de Rome et de l'ancienne jurisprudence française. Ceux-ci, par application de la règle qu'on ne pouvait acquérir le domaine des choses par le seul effet des obligations, exigeaient, outre le consentement, la tradition de la chose vendue pour que la propriété en fût transférée à l'acheteur. Nous avons vu aussi que l'art. 1583 du Code civil reçoit exception quand les parties ont manifesté l'intention de ne traiter que par écrit et de faire dépendre de cet écrit l'existence de la convention. Alors la vente n'est parfaite qu'au moyen de la rédaction de l'acte.

De ce qu'en droit français la tradition de l'objet vendu est inutile pour que la vente produise ses effets entre le vendeur et l'acquéreur, que l'on se garde bien de croire qu'il en est toujours de même à l'égard des tiers. Pour ceux-ci, en vertu de la maxime *en fait de meubles, la possession vaut titre*, et de l'art. 1141 du Code civil, la vente mobilière n'est parfaite que par la tradition réelle reçue de bonne foi. Jusque-là, pour les tiers, le propriétaire du meuble, c'est celui qui en est le détenteur, si bien qu'au mépris du contrat translatif de propriété, les créanciers du vendeur ont le droit de le saisir entre ses mains, tant que l'acquéreur n'a pas été mis en possession.

Mais la vente des immeubles est parfaite à l'égard des tiers par le seul effet du consentement des parties contractantes et sans tradition. Car c'est la date du titre qui règle la préférence entre deux acquéreurs d'un même immeuble. La loi de brumaire an VII, sur le régime hypothécaire, exigeait peut-être avec plus de raison la transcription de la vente immobilière pour que cette vente pût être opposée à des tiers.

Le consentement du vendeur et de l'acquéreur doit être exempt de vices. Il y aurait lieu à l'annulation du contrat de vente si ce consentement était le résultat de la violence, de l'erreur ou du dol, tels qu'ils sont caractérisés par les art. 1109 et suivants du Code civil.

Il y aurait lieu à la rescision de la vente, si le vendeur majeur établissait qu'en donnant son consentement sur le prix, il a été lésé de plus des sept douzièmes [1]. Si le vendeur est mineur non émancipé, il lui suffit d'établir la lésion simple, quelque minime qu'elle soit; à moins qu'elle ne résulte d'un événement casuel et imprévu, le mineur est restituable contre son engagement. Le mineur émancipé n'est restituable pour cause de simple lésion qu'autant que la vente excède les bornes de sa capacité [2].

L'erreur est une cause de nullité de la vente, si elle porte sur la chose même ou sur la matière dont la chose est faite; par exemple, si l'acheteur entend acheter une pendule et le vendeur livrer une montre; — si l'on vend du cuivre pour de l'or, etc. — Si, au contraire, l'erreur ne porte que sur les qualités accidentelles de la chose, par exemple, si la pendule que l'acheteur croit bonne est complétement dérangée, la vente est valable [3].

[1] Art. 1118 et 1674 Cod. civ.
[2] Art. 1305 et suiv. et 484 Cod. civ.
[3] Art. 1110 Cod. civ.

SECTION II.

Du prix.

On appelle prix de vente la somme d'argent qui, comparée à la valeur de la chose vendue, est réputée lui être équivalente. C'est la seconde condition requise pour la formation d'un contrat de vente. L'art. 1681 du Code civil établit une distinction notable entre le prix conventionnel et le juste prix. Le prix conventionnel est l'ouvrage des volontés des parties qui ont concouru à le déterminer. Le juste prix est le résultat de l'opinion commune sur la valeur de la chose vendue.

Si les parties ne convenaient pas du prix de vente, si elles ne s'accordaient pas sur ce prix ou si la convention chargeait l'une d'elles seulement de le fixer, il n'y aurait pas de vente. Il faudrait décider de même, dit Pothier, dans le cas où une personne vendrait une chose pour le prix qu'elle lui a coûté et qu'il se trouvât que la chose ne lui ait rien coûté et lui ait été donnée.

Le prix exigé dans la vente doit avoir trois qualités : 1° Il doit consister en argent monnayé ; 2° il doit être sérieux ; 3° il doit être certain [1].

1° *Le prix doit consister en une somme d'argent.* S'il consistait en toute autre chose, il y aurait échange et non pas vente. Cependant on peut convenir qu'outre la somme d'argent, l'acheteur s'obligera à donner ou à faire quelque chose comme supplément du prix, pourvu que la chose fournie à ce titre ne soit pas surpassée de plus de moitié par la valeur de la somme, au-

[1] Art. 1591 Cod. civ.

trement il n'y aurait pas vente, mais échange; il appartient aux magistrats de déterminer le caractère du contrat, d'après l'importance des prestations d'une autre nature qu'en argent monnayé. Si postérieurement à la vente et au moment où l'acheteur est en demeure de remplir son obligation, il se trouve dans l'impossibilité de donner la somme d'argent qui a été convenue, si le vendeur accepte en payement une autre chose, le contrat primitif n'aura pas cessé d'être une vente. En effet, pour s'assurer de la nature d'un contrat et pour lui donner la qualification convenable, on se reporte toujours à l'époque de sa formation, abstraction faite des changements licites que les parties ont la faculté d'y apporter plus tard. Il est reconnu par tous les auteurs que le prix d'une vente, au lieu d'être d'une somme principale une fois payée, peut consister dans une rente viagère.

2° *Le prix doit être sérieux*, c'est-à-dire qu'il doit être en proportion raisonnable avec la valeur de la chose vendue.

Le prix serait simulé et l'on ferait une donation et non une vente dans le cas où le vendeur, tout en disant qu'il vend sa chose, aurait eu, au jour de la passation du contrat, l'intention de refuser par la suite le prix convenu. Toutefois la vente ne perd pas son caractère parce que le vendeur, qui, à l'époque où il a contracté, avait sérieusement la pensée de se faire payer, n'exige pas le prix, en raison de considérations survenues depuis; la preuve en est que la remise volontaire de la dette est un mode d'extinction des obligations admis par le Code civil [1].

On reconnaît aussi qu'une donation a été faussement qualifiée de vente, lorsque le prix, par son exiguité, ne peut passer pour une estimation sérieuse de la chose vendue. C'est ce qui arriverait, par exemple, si l'on vendait une propriété considérable pour une pièce de cinq francs, ou bien si l'on faisait une vente

[1] Art. 1234, 1282 et suiv. Cod. civ.

moyennant une rente viagère dont le montant serait de beaucoup inférieur au revenu du bien vendu, etc.

Néanmoins on n'exige pas qu'il y ait parité absolue entre le prix et la chose vendue. Le vendeur pourrait se contenter de stipuler un prix inégal à la valeur de sa chose, un prix même vil et fort petit, sans que la vente perdît son caractère. Il ne faut pas confondre le prix vil avec le prix non sérieux; il y a vileté du prix lorsque la lésion est de plus des sept douzièmes: alors la vente reste toujours vente, cette lésion n'est qu'une cause de résolution du contrat, laquelle peut être demandée pendant deux années, à compter du jour de la vente [1].

3° *Le prix doit être certain et déterminé* par les deux parties, à moins qu'elles n'en aient laissé la fixation à l'arbitrage d'un tiers [2]; d'où il résulte que la vente d'une chose pour le prix qu'il plaira à l'une des parties de fixer par la suite serait nécessairement nulle. Le prix doit être déterminé dès le principe, c'est-à-dire au moment du concours des deux volontés, afin de n'en pas laisser la détermination au pouvoir d'une seule des parties. Il n'est pourtant pas nécessaire qu'il soit positivement déterminé; il suffit qu'il soit tel qu'il doive devenir certain par sa relation à une circonstance certaine, ce qui arrive, par exemple, lorsqu'en retour de denrées on adopte le prix du plus prochain marché.

On peut vendre une chose pour ce qu'elle vaut; dans cette hypothèse, d'après l'interprétation la plus sage, les parties sont censées être convenues du prix qui sera fixé par des experts qu'elles choisiront.

La vente dont le prix est laissé à l'arbitrage d'un ou de plusieurs experts (clause que les parties ont le droit de faire), a

[1] Art. 1658, 1674 et 1676 Cod. civ.
[2] Art. 1591 et 1592 Cod. civ.

une existence subordonnée à la condition suspensive de l'estimation à faire, et quand l'estimation est faite, elle a son effet rétroactif au jour du contrat. Lorsque les experts nommés par les parties sont empêchés ou refusent de remplir leur mission, lorsqu'ils ne tombent point d'accord sur le prix, la vente est considérée comme non avenue, si ce n'est quand les parties ont prévu l'embarras et ont pourvu au remplacement des experts, par exemple, en convenant que, le cas échéant, ils seront désignés d'office par le juge [1].

SECTION III.

De la chose vendue.

Il faut que la vente ait pour objet une chose au moins déterminée quant à son espèce; la quotité de la chose peut être incertaine, il suffit qu'on puisse la régler [2]. « Tout ce qui est dans « le commerce peut être vendu, lorsque des lois particulières « n'en ont pas prohibé l'aliénation [3]. » En conséquence nous diviserons cette matière en deux parties : la première traitera des choses susceptibles d'être vendues; la deuxième comprendra les choses inaliénables.

Première partie. — Des choses qui peuvent être vendues.

1° Nous pouvons vendre non seulement les choses qui sont ac-

[1] Art. 1592 Cod. civ.
[2] Art. 1129 Cod. civ.
[3] Art. 1598 Cod. civ.

tuellement dans notre patrimoine, mais encore les choses futures, c'est-à-dire celles qui, n'existant pas encore, sont de nature à pouvoir exister un jour. La vente est présumée faite sous une condition suspensive; elle devient nulle quand la condition d'existence ne se réalise pas [1]. Si la chose vendue, que l'on prétend exister, n'existait réellement pas au moment du contrat, ou si l'acheteur en était déjà propriétaire, la vente serait considérée comme non avenue.

2° On peut vendre les choses fongibles et les choses non fongibles, les choses mobilières et les choses immobilières.

3° On peut vendre les choses incorporelles et les choses corporelles. Ainsi on peut vendre un usufruit, une servitude, une créance même litigieuse, une hérédité, une simple espérance, telle qu'un coup de filet.

4° Enfin, on peut vendre la part que l'on a dans une chose commune et choisir pour acheter, soit un tiers, soit l'un des communistes.

Deuxième partie. — Des choses qui ne peuvent pas être vendues.

1° Les immeubles dotaux ne peuvent être aliénés pendant le mariage, excepté: pour l'établissement des enfants que la femme aurait d'un mariage antérieur, ou pour l'établissement des enfants communs, quand l'aliénation de l'immeuble dotal a été permise par le contrat de mariage; pour tirer le mari de prison; pour fournir des aliments à la famille; pour payer les dettes de la femme ou de ceux qui ont constitué la dot, lorsque la date de ces dettes est antérieure au contrat de mariage; pour les grosses

[1] Art. 1130 Cod. civ.

réparations nécessaires à la conservation de l'immeuble dotal; pour faire cesser l'indivision avec des tiers, quand l'immeuble est reconnu impartageable [1].

2° Les règlements de police défendent la vente des poisons, des armes cachées et prohibées, des vins falsifiés.

3° Il est défendu de vendre les livres condamnés et supprimés par des jugements passés en force de chose jugée, les choses dont le monopole appartient au gouvernement, comme le tabac, la poudre; les choses fabriquées à l'étranger ne peuvent être importées et vendues en France ou ne peuvent l'être que moyennant certains droits.

4° Sont hors du commerce, par leur nature, les offices et fonctions publiques, qui sont une dépendance de la souveraineté, comme les fonctions de juge, de préfet, de procureur du roi, etc. Les lois du 4 août 1789 et 6 octobre 1791 avaient même aboli la vénalité de tous les offices. Des restrictions ont été apportées à cette prohibition par l'art. 91 de la loi du 28 avril 1816; elles sont encore en vigueur et s'appliquent aux offices de greffiers, avoués, huissiers, notaires, etc... Ces officiers ministériels font de nos jours trop grand abus de la faculté qu'ils ont recouvrée. Il est à désirer qu'une loi vienne bientôt, sinon empêcher tout à fait, au moins restreindre ces transmissions nombreuses qui dégénèrent en spéculations et nuisent nécessairement aux tiers. Il y a évidemment préjudice réel ou possible pour les personnes dont les intérêts et les secrets passent ainsi, sans leur aveu, entre les mains de successeurs qui leur inspirent souvent moins de confiance que le titulaire qu'elles en avaient primitivement chargé. On a déjà fait plusieurs tentatives dans le but de corriger ces abus; mais on a été obligé de reculer devant un

[1] Art. 1555, 1556, 1557 et 1558 Cod. civ.

obstacle non moins sérieux : nous voulons parler de la difficulté qu'il y aurait à indemniser convenablement tous les officiers ministériels que l'on priverait subitement de la transmission de charges, dans l'acquisition desquelles ils ont placé, la plupart du temps, toute leur fortune présente et à venir. Espérons qu'un temps viendra où l'on découvrira le moyen de vaincre ces difficultés, et de mettre un frein à la cupidité toujours croissante, qui est le résultat inévitable de la vénalité des offices. Un moyen qui produirait des effets, lents à la vérité, mais certains, serait de diminuer le nombre des candidats par l'augmentation des connaissances requises ; pourquoi, par exemple, le grade de licencié ne serait-il pas exigé des notaires et surtout des avoués ?

5° Sont hors du commerce par leur destination : les dépendances du domaine public, les places, les rues, les chemins publics, etc., tant qu'ils n'en ont pas été retranchés, ce qui peut arriver aussitôt qu'on ne les emploie plus aux usages publics [1].

6° Les lois défendent la vente des blés en vert et des blés submergés.

7° Les droits d'usage et d'habitation, qui sont purement personnels, ne peuvent pas faire l'objet d'un contrat de vente [2]. Le motif en est que celui qui les a concédés n'a eu en vue que les besoins et les convenances personnelles de celui qui en a été investi. Par la même raison ces droits ne peuvent être hypothéqués, parce que l'hypothèque conduit à l'aliénation.

8° L'héritier en faveur duquel le retrait successoral a été admis ne peut vendre l'exercice de son droit : c'est un privilége inhérent à la qualité d'héritier [3].

[1] Art. 538 et 539 Cod. civ.
[2] Art. 631 et 634 Cod. civ.
[3] Art. 841 Cod. civ.

9° Les personnes qui ont droit à des aliments *jure sanguinis*, ne peuvent pas vendre ce droit; si les aliments sont le résultat d'une convention, ou s'ils sont dus en vertu d'un testament, la vente alors leur en est permise. C'est là une créance comme une autre et chacun peut disposer de sa propriété dans les limites posées par la loi.

10° *La vente de la chose d'autrui est nulle* [1]. Il y a vente de la chose d'autrui toutes les fois qu'on aliène une chose dont on n'a pas la propriété. Ainsi celui qui vend la nue propriété d'une chose dont il n'a que l'usufruit vend la chose d'autrui. Ainsi, deux époux étant mariés sous le régime de la communauté, le mari qui vend l'immeuble personnel de sa femme, sans le consentement de celle-ci, vend la chose d'autrui.

Suivant la législation romaine et suivant l'ancienne jurisprudence française reproduite dans les œuvres de Pothier, la vente de la chose d'autrui était valable, en ce sens que le vendeur était libéré par la livraison de la chose et que l'acheteur ne pouvait pas se plaindre avant le trouble. Cela tenait à ce que suivant ces législations, le vendeur ne s'obligeait pas par le contrat à transférer la propriété à l'acheteur, mais seulement à lui délivrer la chose vendue et à le protéger contre le trouble et l'éviction. Le principe fondamental de la vente n'étant plus le même, d'après le Code civil, il était naturel que les conséquences fussent également changées; aussi l'art. 1599 du Code civil est-il un corollaire de ce que la vente a chez nous pour effet de rendre l'acheteur propriétaire au moment même de la perfection du contrat.

En droit français, que les parties aient ignoré ou non que la chose fût à autrui, dès que l'acheteur apprend que le vendeur

[1] Art. 1599 Cod. civ.

n'en était pas propriétaire, la demande en nullité peut être intentée.

De plus, si l'acheteur prouve qu'il ne savait pas que la chose fût à autrui, l'art. 1599 lui donne une action en dommages-intérêts contre le vendeur, quoique ce dernier n'ait point usé de dol et ait été lui-même de bonne foi; notre article ne distingue pas. Si l'acheteur savait que la chose vendue n'appartenait pas au vendeur, la réclamation du premier se borne à la restitution du prix, des frais et autres accessoires de la vente [1]. Jamais le vendeur n'est recevable à invoquer les dispositions de l'art. 1599; il est lié par le contrat.

La vente de la chose d'autrui est efficace, en ce sens qu'elle peut produire un juste titre de nature à fonder l'usucapion de dix à vingt ans [2].

L'effet de la nullité de la vente de la chose d'autrui, c'est d'empêcher la propriété de passer à l'acheteur et de donner au véritable propriétaire un droit de revendication. Ce droit de revendication existe pour lui, alors même que la nullité du contrat n'a pas été provoquée par l'acheteur et prononcée par les tribunaux; il suffit au propriétaire de pouvoir établir cette qualité comme préexistante à celle que prétend le vendeur. Pour lui, propriétaire, la vente a toujours été sans existence, c'était ce que l'on appelle *res inter alios acta*, les actes d'autrui ne pouvaient aucunément préjudicier à ses droits.

C'est pour cela que son action en revendication contre tout tiers détenteur se prescrit par trente ans [3], tandis que l'action en nullité de la vente qui appartient à l'acheteur contre le vendeur se prescrit par dix ans, conformément à l'art. 1304 du Code civil.

[1] Comb. art. 1599 et 1593 Cod. civ.
[2] Art. 2265 Cod. civ.
[3] Art. 2262 Cod. civ.

Les raisonnements que nous venons de faire pour établir la position du vendeur et celle de l'acheteur de la chose d'autrui vis-à-vis du véritable propriétaire démontrent suffisamment que nous n'avons entendu parler que des immeubles.

Si la chose d'autrui qui a eté vendue est mobilière et si le vendeur savait que cette chose fût à autrui, il est évident qu'il a commis un vol et que le véritable propriétaire pourra toujours poursuivre aux fins de restitution et pendant trente ans aux fins de réparation civile. Si le vendeur ne savait point que la chose qu'il a vendue n'était pas sa propriété, le véritable propriétaire ne peut les lui réclamer que pendant trois ans, à compter du jour de la perte ou du vol commis par d'autres que le vendeur.

Des droits analogues à cette dernière décision règlent le recours du véritable propriétaire contre l'acheteur, à moins que celui-ci ne soit un recéleur; dans ce cas, il est assimilé au voleur [1].

La vente de la chose d'autrui n'est pas tellement nulle qu'elle ne puisse être ratifiée. Entre les parties la ratification remonte au jour du contrat; à l'égard des tiers, aux droits antérieurs, desquels la revendication ne porte jamais préjudice [2]; elle ne produit d'effet que du jour de sa date.

11° *On ne peut vendre la succession d'une personne encore vivante, même de son consentement* [3]. C'est là une application du principe énoncé à l'art. 1130 du Code civil, qui défend de renoncer à une succession non ouverte et de faire aucune stipulation sur une pareille succession, même avec le consentement de celui de la succession duquel il s'agit. Cette prohibi-

[1] Art. 2279 Cod. civ. et 2280 pour le cas où la chose mobilière a été achetée dans une foire ou un marché.

[2] Art. 1338 Cod. civ.

[3] Troplong, *Vente*, t. I, n° 245.

tion repose sur des motifs d'ordre public : « Il y aurait de l'in- « décence et de l'immoralité à spéculer sur la mort de celui dont « on attend la dépouille [1]. »

CHAPITRE IV.

DES CONDITIONS REQUISES POUR LA VALIDITÉ DU CONTRAT DE VENTE.

Les conditions nécessaires à la *validité* du contrat de vente sont celles à défaut desquelles ce contrat existant peut être attaqué par voie de nullité. Ces conditions sont au nombre de quatre : 1° Le consentement du vendeur et de l'acheteur dont nous avons déjà expliqué les effets, en traitant des conditions prescrites pour l'existence de la vente. 2° Un objet certain qui forme la matière de l'engagement. En matière de vente cet objet est double : à l'égard du vendeur, l'objet de la vente, c'est la chose vendue; à l'égard de l'acquéreur, c'est le prix qu'il s'engage à donner. Dans les deux sections précédentes sont renfermées toutes les règles relatives à l'objet du contrat de vente; il est donc inutile d'y revenir dans ce chapitre. 3° Une cause licite dans l'obligation. 4° La capacité du vendeur et de l'acheteur [2]. Nous n'avons plus qu'à nous occuper de ces deux dernières conditions.

[1] Art. 1600 Cod. civ.
[2] Art. 1108 Cod. civ.

SECTION PREMIÈRE.

De la cause du contrat de vente.

La cause du contrat de vente est le motif juridique qui détermine les parties à contracter; elle est pour chacune des parties ce que l'autre s'engage à donner, à faire ou à ne pas faire. Puisqu'il y a obligation réciproque dans la vente, la cause est double; pour l'acquéreur la cause de son obligation, c'est la chose vendue; pour le vendeur, c'est le prix qu'on lui promet.

On doit éviter de confondre la cause avec le motif de la vente, qui n'est autre chose que la raison accessoire qui a porté à contracter, ou plutôt la destination que l'on veut donner au prix ou à la chose vendue. Par exemple: si l'acquéreur, en devenant propriétaire d'une maison, se propose de la donner à ses descendants: voilà son motif. Ainsi encore, si le vendeur, en se dépouillant de sa chose, moyennant un prix convenu, a l'intention d'acheter avec cet argent un domaine dans un autre pays, on reconnaît encore là un véritable motif [1].

SECTION II.

De la capacité du vendeur et de l'acheteur.

Les personnes incapables d'acheter et de vendre sont: les mineurs, les interdits, les femmes mariées, dans les cas exprimés

[1] Art. 1108, 1131 et suiv. Cod. civ.

par la loi, et quelques autres personnes auxquelles la loi a spécialement interdit le contrat de vente [1].

Première partie. — Des mineurs, des interdits, des femmes mariées, des prodigues et de quelques autres incapables.

1° Les mineurs, à raison de leur inexpérience, sont incapables d'acheter ou de vendre. Le père ou le tuteur représentent le mineur non émancipé dans tous les actes de la vie civile [2] et passent par conséquent, en son nom, les contrats de vente, en suivant les formalités prescrites par la loi; quand le mineur est émancipé, ces mêmes formalités et l'assistance de son curateur lui sont indispensables pour les ventes immobilières. Celui qui a vendu à un mineur ou acheté quelque chose d'un mineur, se trouve obligé envers lui, tandis que le mineur n'est point tenu à l'exécution de sa propre obligation; mais on aura toujours soin de tempérer le principe que le mineur ne peut rendre sa condition pire par cet autre principe non moins équitable : que nul ne peut s'enrichir aux dépens d'autrui. Ainsi, nous ne prétendons pas soutenir que le mineur pourra, tout en refusant la chose vendue, se faire donner le prix et en profiter; nous avons voulu indiquer seulement que le majeur capable ne pourra invoquer la qualité de mineur de l'autre partie contractante, dans le but de résister à l'exécution du contrat. C'est donc en sa qualité de mineur que le mineur peut refuser d'exécuter l'engagement qu'il a pris, parce que le contrat est nul.

Est-ce aussi en cette qualité qu'il peut, excepté es'il est commer-

[1] Comb. art. 1594, 1123 et 1124 Cod. civ.
[2] Art. 450 Cod. civ.

çant contre ses engagements commerciaux, se faire restituer contre les obligations qu'il a souscrites et qui excédaient les bornes de sa capacité ?

Les art. 1305 et suivants du Code civil ne laissent aucun doute sur la solution qu'il convient de donner à la question. Pour qu'il soit restituable, il faut qu'il prouve la lésion : *restituitur non tanquam minor, sed tanquam læsus.* Troplong, après s'être livré à une longue dissertation sur ce point, explique l'esprit du Code civil à peu près de la manière suivante : ou bien le mineur a vendu ou acheté seul, alors la vente est nulle ; ou le tuteur a procédé lui-même à une vente mobilière, dans ce cas le mineur a été lié, sauf la preuve de la lésion qu'il peut établir dans le but de se faire restituer ; ou le tuteur a fait une vente d'immeubles après s'être fait autoriser par une délibération du conseil de famille, après avoir rempli toutes les formalités retenues aux art. 457 et suivants du Code civil ; cette vente sera inattaquable de la part du mineur, parce que les nombreuses garanties qui l'ont environné écartaient toute possibilité de lésion.

2° Les interdits sont incapables d'acheter et de vendre ; telle est la conséquence de ce que les actes passés par l'interdit, postérieurement à l'interdiction, sont nuls de plein droit, indépendamment de la lésion. La vente qu'il aurait faite avant l'interdiction pourrait être annulée, si l'on pouvait démontrer que la cause de l'interdiction existait notoirement à l'époque où cet acte a été fait [1].

3° En règle générale, la femme mariée ne peut acheter ou vendre sans le consentement de son mari, ou à défaut, sans l'autorisation de la justice ; cependant, si le mari est dans l'impos-

[1] Art. 502 et 503 Cod. civ.

sibilité de donner son consentement, par exemple, s'il est absent ou interdit, la femme doit s'adresser directement à la justice. L'effet de la séparation de biens judiciaires ou de la séparation de corps est de donner à la femme mariée, sous le régime de la communauté, le droit d'aliéner son mobilier, sans le consentement de son mari [1]. La séparation de biens contractuelle produit le même effet [2].

4° Les prodigues et les faibles d'esprit, pourvus d'un conseil judiciaire, ne peuvent aliéner sans l'autorisation de leur conseil [3].

5° Le tuteur est incapable de vendre les immeubles de son mineur, s'il ne se soumet aux formalités légales.

Il y aurait encore à mentionner quelques autres incapacités, concernant les maires des communes, les directeurs d'hospices, le failli, l'héritier bénéficiaire. Le plan que nous nous sommes tracé ne nous permet pas de détailler ces matières.

Deuxième partie. — Des ventes entre époux.

En règle générale, la vente est défendue entre époux. Voici quels sont les motifs de cette prohibition : D'abord l'art. 1099, qui prononce la nullité des donations déguisées sous la forme d'un contrat onéreux, serait trop facilement éludé, si les époux avaient le droit de s'acheter et de se vendre; la plupart du temps ils se laisseraient entraîner par l'affection qu'ils ont l'un pour l'autre; dès lors la vente faite entre eux masquerait presque toujours une donation. Enfin le mari deviendrait juge et

[1] Art. 1449 Cod. civ.
[2] Art. 1538 Cod. civ.
[3] Art. 513 Cod. civ.

partie, puisque la femme ne peut faire aucun acte sans son autorisation.

L'art. 1585 énumère les trois exceptions admises à la règle que nous venons de poser; nous croyons inutile de reproduire cette énumération. Si dans ces trois cas la vente, quoique ayant une cause légitime, renfermait des avantages indirects, supérieurs à la quotité disponible, les héritiers à réserve de l'autre époux pourraient faire réduire ces avantages à la portion disponible.

La prescription de l'action en rescision d'une vente entre époux, autorisée par l'art. 1585, est suspendue pendant le mariage [1].

Troisième partie. — Des personnes qui ne peuvent se rendre adjudicataires.

L'art. 1596 du Code civil prononce une incapacité relative d'acheter par eux-mêmes ou *par personnes interposées* contre :

1° Les tuteurs, qui ne peuvent se rendre adjudicataires des biens dont ils ont la tutelle. La prohibition s'applique aux curateurs des mineurs émancipés pour tout ce qui concerne l'aliénation des immeubles.

2° Les mandataires, qui ne peuvent acheter les biens qu'ils sont chargés de vendre. Cette incapacité concerne l'avoué chargé de poursuivre l'adjudication.

3° Les administrateurs, qui ne peuvent acheter les biens des communes et des établissements publics confiés à leurs soins.

4° Les officiers publics, qui ne peuvent acheter les biens nationaux à la vente desquels ils sont chargés de procéder.

Ajoutons à ces incapacités celles des juges, magistrats et greffiers du tribunal devant lequel se poursuit la vente; dans le

[1] Art. 2256 Cod. civ.

cas où ces fonctionnaires contreviennent à la défense, non seulement la vente est nulle, mais ils sont passibles de dommages-intérêts. On veut par ces défenses ne point mettre obstacle à ce que les biens soient portés au prix le plus élevé; on veut empêcher ces personnes d'abuser de leur position pour écarter les enchérisseurs et d'employer des manœuvres frauduleuses pour obtenir les biens à bas prix.

Quatrième partie. — Des personnes incapables de devenir cessionnaires de certains procès, droits et actions.

Enfin : « Les juges, leurs suppléants, les magistrats remplissant « le ministère public, les greffiers, huissiers, avoués, défenseurs « officieux (avocats) et notaires ne peuvent devenir cessionnaires « des procès, actions et droits litigieux qui sont de la compé- « tence *du tribunal dans le ressort duquel ils exercent leurs « fonctions*, à peine de nullité et des dépens, dommages-inté- « rêts [1]. » Cette disposition a pour but de prévenir les abus d'autorité et de mettre les professions qu'elle désigne à l'abri des soupçons de cupidité et de mauvaise foi. Elle ne défend pas aux juges, etc., de devenir cessionnaires de pareils droits qui seraient soumis à un tribunal autre que le leur, quand même ce tribunal ressortirait de la même cour royale que celui près duquel ils exercent leurs fonctions.

Sous le nom de droits litigieux, il faut comprendre les droits non reconnus, incertains, sujets à contestation et de nature à appeler les parties devant les tribunaux.

[1] Art. 1597 Cod. civ.

CHAPITRE V.

DES DIFFÉRENTES ESPÈCES DE VENTE.

Voici quelles sont les pricipales divisions de la vente :

1° Elle est *pure et simple* ou *conditionnelle.*

2° Elle est contractée *purement et simplement d'une manière alternative*, ce qui a lieu quand elle a pour objet deux ou plusieurs choses ordinairement au choix du vendeur.

3° Elle est *volontaire* ou *nécessaire* : *volontaire*, si le propriétaire vend la chose de son plein gré ; *nécessaire*, par exemple : en cas d'expropriation forcée de la part d'un créancier contre son débiteur, en cas d'expropriation forcée pour cause d'utilité publique et en cas de licitation provoquée par un communiste pour sortir de l'indivision.

4° La vente volontaire se fait *avec ou sans licitation* (la licitation est la vente aux enchères d'un objet appartenant par indivis à plusieurs et qui ne peut se partager commodément sans perte [1]). La vente par licitation se fait à l'amiable, pardevant notaire choisi par les parties, ou judiciairement, c'est-à-dire, pardevant le tribunal, comme pour les biens des successions dévolues à des mineurs ou à des absents.

5° La vente des marchandises se fait *en bloc* ou bien *au poids*, *au compte*, ou *à la mesure* [2]. Une vente est faite en bloc lorsqu'une

[1] Art. 1686 Cod. civ.

[2] Art. 1585 et 1586 Cod. civ.

certaine chose prise en masse est vendue pour un seul prix, comme si pour 300 francs je vous vends tous les livres de mon magasin. Une pareille vente est parfaite quoique les volumes n'aient point encore été comptés [1]. En effet la vente n'est suspendue par aucune condition, elle a réellement pour objet une chose déterminée; les marchandises sont donc aux risques de l'acheteur, puisqu'il en est devenu propriétaire par le consentement mutuel.

Une vente est faite *à la mesure*, lorsque le prix est invariablement fixé pour chaque mesure, comme si je vous vends 12 hectolitres du blé que j'ai sur mon grenier, à raison de 18 francs par hectolitre.

Une vente est faite au poids ou au compte, lorsque son entière perfection est reculée jusqu'après les opérations de pesage et de comptage. Exemple : si je vous vends cent fagots pour 50 francs, il faudra nécessairement les compter; si je vous vends une marchandise à tant le gramme, il faudra la peser.

Dans le cas où les marchandises sont vendues au poids, au compte ou à la mesure, la vente est réputée faite sous une condition suspensive; le contrat est parfait en ce sens qu'il subsiste à partir du jour où le consentement des parties est intervenu, que ce consentement ne peut pas être révoqué, enfin que l'acheteur a, d'une part, le droit de demander la livraison en faisant la vérification convenue, et que le vendeur peut, de son côté, demander le prix de la vente, en offrant de réaliser cette livraison. Le contrat n'est point parfait en ce que tant que les marchandises n'ont point été pesées, mesurées et comptées, si elles viennent à périr, elles périssent pour le vendeur, *res perit domino*; car avant ces opérations, qui sont faites contradictoire-

[1] Art. 1586 Cod. civ.

ment, la propriété des marchandises n'a pas encore été transférée à l'acheteur.

Pour prouver que les opérations ont eu lieu, on peut se servir d'aveux, de déclarations, de la correspondance, etc. On doit procéder à ces opérations (sous peine de résolution de plein droit du contrat) dans le temps fixé par la convention.

6° Les ventes se font avec ou sans la condition expresse ou tacite de *dégustation*. Dans les ventes qui se font sans dégustation, dès le moment où les parties s'accordent sur l'espèce, sur la quantité et sur le prix, le contrat est parfait et le vendeur est obligé de faire la délivrance, et l'acheteur de payer le prix. A l'égard du vin, de l'huile et des autres choses que l'on est dans *l'usage* de goûter, avant l'acquisition, il n'y a point de vente, tant que l'acheteur ne les a point goûtées et agréées [1]. Ainsi le Code civil exige ici deux conditions sans lesquelles la vente n'existe pas : 1° la dégustation, 2° l'agrément de l'acheteur. Jusqu'à son acceptation, la vente est aux risques du vendeur, et si, après avoir goûté les marchandises, l'acheteur juge à propos de les refuser, il n'y aura jamais eu de vente ; au contraire, s'il consent à les agréer, son approbation n'aura pas d'effet rétroactif à l'époque de la convention primitive. Dans le temps qui sépare cette époque de celle de l'acceptation, il n'est pas permis au vendeur de se dédire, car on n'attend plus que l'adhésion de l'acquéreur.

Quand la convention porte que la dégustation des marchandises ne doit pas être faite par l'acheteur lui-même ; mais qu'elle doit être contrôlée par des experts ; les risques de la chose vendue ne passent à l'acheteur qu'après que les experts l'ont estimée bonne et loyale.

[1] Art. 1587 Cod. civ.

La vente est subordonnée à une condition suspensive ; elle devient parfaite après la dégustation, si elle a pour résultat d'établir la bonté des marchandises. Alors c'est en vain que l'acheteur voudrait révoquer son consentement, il ne le pourrait plus, parce que, d'après la convention, ce n'est point à son goût qu'on a dû s'en rapporter.

La preuve de la dégustation s'établit au moyen de circonstances, dont l'appréciation est abandonnée aux tribunaux.

7° Les ventes se font à l'essai ou sans essai. Il y a des choses que l'on ne se détermine à acheter que sous la condition qu'on les essayera et qu'après les avoir essayées. On donne, par exemple, un chapeau, une pendule, etc. Cette condition d'essai, qui doit être expresse, est une condition suspensive.

Sous ce rapport, le Code civil [1] s'est écarté entièrement de la manière de voir des jurisconsultes romains; ceux-ci considéraient la condition d'essai comme résolutoire, la perte survenue pendant l'essai était supportée par l'acheteur. En droit français l'essai et la dégustation sont deux conditions du même genre, faites dans un même but de vérification ; aussi conduisent-elles aux mêmes résultats ? Le vendeur n'est point libre de retirer son consentement ; mais l'acheteur a le droit de se dégager, s'il déclare, après l'essai, que la chose ne lui convient pas. Si les parties ont fixé un délai passé lequel, l'essai ne pourrait plus être fait, ce terme étant écoulé, tout est rompu, et le vendeur lui même est relevé de son obligation ; jusqu'à l'essai ou jusqu'à l'expiration de ce délai, si la chose était venue à périr, la perte eût été supportée par le vendeur.

L'acceptation de l'acheteur, après l'essai, ne donne pas à la vente d'effet rétroactif au jour où le vendeur a fait sa proposi-

[1] Art. 1588 God. civ.

tion. — Dans l'hypothèse où l'acheteur, pour essayer la chose qu'on lui vend, en ferait un usage déloyal et inaccoutumé, par exemple, s'il s'amusait à faire marcher avec ses doigts les aiguilles d'une montre qu'on lui aurait confiée, il y aurait présomption qu'il accepte, et la vente serait consommée.

CHAPITRE VI.

DE LA PROMESSE DE VENTE.

SECTION PREMIÈRE.

De la promesse de vente faite sans arrhes.

L'art. 1589 du Code civil pose un principe qui a donné lieu à une controverse sérieuse entre les auteurs modernes les plus distingués, il est conçu en ces termes : « La promesse de vente « vaut vente, lorsqu'il y a consentement réciproque des deux « parties sur la chose et sur le prix. »

D'abord l'explication finale de cet article indique d'une manière irrécusable que la loi n'attache la valeur de la vente qu'aux promesses de ventes synallagmatiques. Quant aux promesses unilatérales, elles n'engagent que celui qui promet de vendre; celui à qui la promesse est faite ne contracte aucune obligation. Cette promesse unilatérale diffère de la vente, en ce que celle-ci impose des obligations aux deux parties et qu'elle fait passer la chose aux risques de l'acheteur devenu propriétaire. Donc, si l'on ne considère qu'une promesse faite par le vendeur, comme il n'y a consentement que de son côté, dans ce cas la promesse de vente ne vaut pas vente. Les mêmes règles s'appliquent à la promesse d'acheter : le propriétaire, n'ayant pris aucune espèce d'engagement, conserve la faculté de ne rien vendre, tandis que l'acheteur qui s'est engagé ne peut pas se dédire.

Mais si les art. 1589 et 1590 ne sont appliquables qu'aux promesses synallagmatiques, essayons de préciser la portée de ces expressions, *la promesse de vente vaut vente*: c'est là le siége de la difficulté. M. Burenton [1] veut que la simple promesse de vente transfère la propriété de la chose vendue, et il en donne pour motif la lettre de l'art. 1589. Mais MM. Touillier et Troplong s'en réfèrent avec plus de raison à l'esprit et à l'origine du même article, et attribuent à la promesse de vente tous les effets de la vente, moins celui de transférer la propriété. En effet, celui qui promet de vendre et celui qui reçoit la promesse, n'ont pas eu la volonté, l'un de se dépouiller actuellement, l'autre de recevoir immédiatement; le retard qu'ils ont eu l'intention d'apporter à la consommation de la vente indique suffisamment qu'ils se sont bornés à créer deux obligations réciproques, mais qu'ils ont entendu que la propriété ne serait transmise que par le moyen de la tradition.

Du reste, la promesse de vente peut être conditionnelle ou à terme, comme la vente elle-même.

SECTION II.

De la promesse de vente faite avec des arrhes.

Les arrhes consistent ordinairement dans une somme d'argent.

[1] T. XVI, n° 51.

Il est libre aux parties de donner autre chose, par exemple : des marchandises, une médaille, une montre, etc. Lorsque la promesse de vente (synallagmatique) a été faite avec des arrhes, chacun des contractants a la liberté de s'en départir, sous les peines portées en l'art. 1590 du Code civil, c'est-à-dire, celui qui les a données, en les perdant, ou celui qui les a reçues, en restituant le double.

Il peut se présenter deux hypothèses :

Ou bien les arrhes ont été données lors du contrat projeté, alors on les considère comme prime d'un dédit. Sur ce point tout le monde est d'accord; lorsque la promesse est exécutée, les arrhes s'imputent sur le prix.

Ou bien les arrhes ont été données après la conclusion du contrat de vente, alors elles s'imputent sur les prix que l'acheteur doit payer. Si la vente est pure et simple, quoiqu'il y ait eu des arrhes, la propriété a été immédiatement transférée à l'acheteur et la révocation du contrat ne dépend pas plus de la volonté d'une partie que de l'autre. Si la vente est soumise à une condition suspensive, les arrhes, données après le contrat, ne sont alors que le signe du contrat ou une prime de dédit. Elles ne représentent que des dommages-intérêts, si la vente est soumise à une condition résolutoire protestative. Lorsque les arrhes ont été données dans une promesse de vente, si la perte de la chose arrive par force majeure et empêche ainsi l'exécution de la promesse, il faut rendre les arrhes. On adopte la même décision pour le cas où les parties retirent leur promesse d'un commun accord.

CHAPITRE VII.

DES RISQUES DE LA CHOSE VENDUE.

En vertu du principe que toute chose périt pour celui qui en est le propriétaire, il est aisé de déterminer lequel, du vendeur, ou de l'acheteur, doit supporter la perte de la chose vendue. Quand la vente est consommée, la chose appartient à l'acheteur; elle périt pour lui, à moins que la perte ne survienne après que le vendeur a été mis en demeure de faire la délivrance.

Mais si, au moment de la vente, la chose était périe en totalité, la vente serait nulle [1]. En effet, la chose vendue est de l'essence du contrat de vente; si elle n'existe pas lors du concours des deux volontés le contrat ne peut se former. C'est pourquoi le vendeur est dans l'obligation de restituer la totalité du prix à l'acheteur : la restitution se fait en vertu de l'art. 1370 du Code civil, car l'acheteur avait payé une chose non due. Aussi pourra-t-il actionner le vendeur pendant trente ans par la *condictio indebiti.* Remarquons bien que cette action, n'étant point une action en nullité, ne s'éteint point par dix ans comme celle par laquelle on demanderait la nullité d'une vente qui aurait eu un moment d'existence. Ici on demande la restitution d'un prix, qui avait été donné en vue d'une vente dont l'existence n'a point eu lieu [2]. La perte d'une partie de la chose vendue donne à l'acquéreur le choix ou d'abandonner la vente ou de demander la partie conservée, en faisant déterminer le prix par la ventilation (c'est l'estimation particulière de

[1] Art. 1601 Cod. civ.

[2] Comb. art. 1304 et 2262 Cod. civ.

chacune des choses comprises dans une même vente, eu égard au prix total). La perte partielle ne peut donner lieu à la résolution de la vente, qu'autant qu'elle est assez considérable relativement au tout, pour faire croire aux juges que, sans l'existence de la partie perdue, l'acheteur n'aurait pas contracté.

Outre la résolution, l'acheteur pourrait encore réclamer des dommages-intérêts au vendeur, si ce dernier avait seul connaissance de cette perte. Si l'acheteur avait payé, sachant bien et sachant seul que la chose était perdue, son dol lui fait perdre la faculté de réclamer le prix.

CHAPITRE VIII.

DU PAYEMENT DES FRAIS PRINCIPAUX ET ACCESSOIRES RÉSULTANT DU CONTRAT DE VENTE.

L'acheteur, s'il n'y a convention contraire, est tenu de payer tous les frais d'actes et autres accessoires à la vente. L'écriture devant servir de preuve à l'acheteur pour justifier de ses droits et consolider la propriété entre ses mains, il entre ordinairement dans l'intention des parties, et il est juste de supposer qu'elles ont entendu mettre les frais à sa charge. D'ailleurs les frais d'un jugement sont, en général, à la charge du débiteur, et l'acheteur est ici le débiteur du prix [1]. Par conséquent, l'acheteur doit supporter les honoraires du notaire, les frais de papier timbré, d'enregistrement, de visite de lieux, d'arpentage, etc. Cependant la cour de cassation a décidé que les frais d'enregistrement peuvent être mis à la charge du vendeur, s'il est constaté que l'enregistrement a eu lieu à cause des procès faits par le vendeur [2].

[1] Comb. art. 1248 et 1593 Cod. civ.
[2] 9 février 1832. Sirey, XXII, 1, 844.

JUS ROMANUM.

DE EMPTIONE ET VENDITIONE.

Emptio venditio a permutationibus originem ducit; olim autem secundum necessitatem temporum ac rerum inutilibus permutabantur. Mox evenit ut alius homo non haberet quod alter accipere vellet; itaque electus est nummus, cujus publica et perpetua æstimatio difficultatibus permutationum finem attulit [1].

Emptio venditio est contractus juris gentium, nominatus et consensualis, de re pro certo pretio tradenda. Sic discernuntur dua negotia, aliud pretium, aliud merx, ita contrahentium alius emptor, alius venditor dicitur [2]. Venditio, etsi in alio loco, quam possessiones constitutæ sunt, valet [3]. Contrahunt emptio-

[1] L. 1 pr. ff. de contract. empt.
[2] L. 1. §. 1. ff. de contract. empt.
[3] L. 1. C. de contract. empt.

nem tam sub conditione quam pure : sub conditione, veluti si vicerit Africanus, tibi veneunt meæ sagittæ [1].

Est emptio venditio vel sine scriptis facta, vel in scriptis, si nimirum partes convenerint, ut in scriptis fiat. Tum partes non obligantur prius, quam scriptura fuerit perfecta. Vel manu propria venditoris et emptoris, vel manu alterius et a contrahentibus subscripta, et si per tabelliones fit emptio venditio, non peragitur priusquam cunctæ solemnitates fuerint impletæ. Donec aliquid adest ex his, locus est pœnitentiæ, emptor ac venditor a contractu recedere possunt. Inter absentes quoque contrahi potest, veluti vel per epistolam vel per nuntium; nam non figura litterarum, sed oratione quam exprimunt litteræ, obligatio nascitur; quatenus non minus valet quod epistola, quam quod vocibus lingua figuratis significatur [2]. Si quis recipiens nuntium vel epistolam aliquas impensas fecisset vel damna habuisset propter nuntium vel epistolam, ante scientiam de pœnitentia mittentis, ad expensas et damna ei agere liceret.

II.

Substantialia emptionis et venditionis sunt, quæ ad ejus constitutionem et perfectionem requiruntur, scilicet contrahentium in eadem consensus, res et pretium.

In eo contractu consensum debere intercedere palam est. Emere et vendere possunt, qui contrahendo ac re obligare valent. Sic ex emptione excluduntur qui ex officio aliquid vendunt, verbi gratia, tutor et curator nisi specialiter hoc iisdem con-

[1] §. 4. J. de empt. et vend.

[2] L. 1. §. 2. ff. de contract. empt. pr. J. de empt. et vend. L. 38. ff. de oblig. et act.

cessum fuerit. Propter metum concessionis immobilia et mobilia ad victum et amietum non necessaria emere prohibentur, qui officii causa in provinciam agunt. Nec furiosi ullum esse contractum manifestum est. Intermissionis autem tempore furiosos majores viginti quinque annis venditiones posse facere non ambigitur [1]. Inter patrem et filium emptio contrahi nequit, sed de peculio castrensi potest [2].

Emptio venditio solo consensu dicitur perfici, quia neque scriptura, neque præsentia omnimodo opus est, ut orientur obligationes; sed sufficit emptorem et venditorem consentire [3]. Ideo emptio venditio contrahitur simul atque de re et pretio convenerit, quamvis nondum pretium numeratum sit, ac res tota nec arra quidem tradita fuerit [4].

Traditionibus et usucapionibus et non nudis pactis dominia rerum transferuntur; qui nondum rem emptori tradidit, adhuc ipse dominus est [5]. Unde quotiens duobus in solidum prædium jure distrahitur, manifesti juris est, eum cui priori traditum est in detinendo dominio esse potiorem [6].

Alia causa est degustandi, alia metiendi; gustus enim ad hoc proficit, ut improbare liceat: mensura vero non eo proficit, ut aut plus, aut minus veneat, sed ut appareat, quantum emetur [7].

Emptoris ac venditoris consensus sine vitiis præberi debet. Emptionis et venditionis contraria sunt dolus malus, vis ac metus, error, et simulatio. Dolus dans causam contractui consen-

1 L. 34. §. 7. L. 62. pr. ff. de contract. empt. L. 2. C. de contract. empt.
2 L. 2. pr. ff. de contract. empt.
3 Pr. J. de consens. oblig.
4 Pr. J. de empt. et vendit.
5 V. M. Ducaurroie just. expliq. tom. 3. P. 133, n° 1039.
6 L. 15. C. de rei vint.
7 L. 34. §. 5. ff. de contract. empt.

sum nullum ipso jure reddit; dolus incidens purgatur actione ex contractu, vel exceptione doli; quæ bonæ fidei judiciis inest. Metus, qui in verum fortem terrorem efficit causa est propter quam emptio venditio rescinditur, sed non ipso jure nulla redditur. Error, scientiam et voluntatem excludens, consensui nocet, si contrahentes errant circa contractum, aut circa persónam ipsam, cum qua contrahitur et non circa ejusdem qualitates, aut circa pretium, aut demum circa id, quod principaliter respicitur; in his casibus emptio venditio nullius est momenti. Simulatio id facit, ut nihil omnino actum sit [1].

III.

Sine re vel merce nulla est emptio venditio.

Omnium rerum, quas quis habere, vel possidere vel persequi potest, venditio recte fit; omnium rerum quas vero natura, vel jus gentium, vel mores civitatis commercio exuerunt, earum nulla venditio est. Venduntur res corporales et incorporales, mobiles et immobiles; recte venduntur jura servitutis et hereditatis; si tamen hereditas venerit ejus qui vivit, aut, millus sit, nihil agitur, quia in rerum natura non sit, quod venierit [2].

Res aliena venere et distrahi potest, nam emptio est et venditio; sed rem emptori a domino auferri posse, nulla dubitatio

[1] L. 5. C. de rescint. vendit. L. C. de his quæ vi metusve caus. L. 9. §. 2. ff. de contract. empt.

[2] L. 34. §. 1. ff. de contract. empt. L. 80. §. 1. ff. de contract. empt. L. 1. ff. de hered. vel act. vent.

est; nemo enim plus juris in alium transferre potest quam ipse habet [1].

Venduntur adhuc res non solum præsentes sed etiam res futuræ, speratæ ac incertæ. Ergo si quis emerit ipsas res futuras, exempli gratia, fructus nascituros, feras, pisces, aves, quas venditor ceperit, venditio valet sub conditione tacita, si aliquid natum vel captum fuerit; si nihil captus nec natus, contractus redditur retro nullus. Si jactum retis emero, et jactare retem piscator noluit, incertum ejus rei æstimatum est : si quod extraxit piscium, reddere mihi noluit, id æstimari debet, quod extraxit [2]. Loca sacra vel religiosa, item publica, veluti forum, basilicam, frustra quis sciens emit (§. 5 J. de empt. et vend.).

IV.

Pretium autem constitui oportet, et in numerata pecunia consistere debet; nam si res in solutum promittatur, dissentiunt auctores an emptio venditio vel permutatio facta sit, in dubio respiciendum an res vel pecunia potior sit; permutatio erit si res major fuerit, emptio venditio contra, si pecunia [3].

Pretium non datur nisi sit certum. Stat emptio venditio sub hac conditione ut pretium erit in alicujus arbitrium. Si autem arbitrator electus pretium definire non posset, vel nolit, venditio

1 L. 28. ff. de contract. empt. L. 54. ff. de reg. jur.

2 L. 8. § 1. ff. L. 39. §. 1. L. 78. §. 3. ff. de contract. empt. et L. 12. ff. de act. empt. et vendit.

3 Gaius. com. III. §. 141. L. 2. J. de empt. et vend.

deficit. Si pretii determinatio erit collata, in arbitrium alicujus ex contrahentibus, emptio nulla est [1].

Verum esse debet pretium. Ita cum in venditione quis pretium rei ponit, donationis causa non exacturus, non videtur vendere, hoc valet in vim donationis. Non etiam res vendi potest uno nummo [2].

Justum autem pretium esse censetur quo res vendita æstimatur, tum legitimum seu legale vocatur a superiore magistratu definitum quanquam sit quædam læsio dummodo dimidium non excedat. Minus pretium videtur, si nec dimidia pars pretii soluta sit. Vel communi hominum æstimatione, non privato alicujus affectu definitur pretium, tum dicitur vulgare seu naturale [3].

V.

Cum vero solo consensu perficitur emptio venditio, simul atque de pretio convenerit, cum, sine scriptura res agitur : statim periculium et commoda rei etiamsi nondum traditæ, ad emptorem pertinent.

Si tamen servus bona fide comparatus, fuga se ad venditorem proripuerit, non tantum pretium venditur, sed et ea, quæ per fugam attulerit, reddere emptori cogetur. Cum inter emptorem et venditorem, contractu sine scriptis inito, de pretio convenit, moraque venditionis in traditione intercessit, periculo emptoris rem distractam esse in dubium non venit.

[1] §. 1. J. de empt et vendit.
[2] L. 36. ff. de contract. empt.
[3] L. 2. et 8. C. de resc. vend.

In his quæ pondere, numero, mensurave constant (velut: frumento, vino, oleo, argento), simul atque de pretio convenerit, videtur perfecta venditio. Si venditæ sint, in aversionem interveniente mutuo consensu periculum rei ad emptorem pertinet; ad venditorem contra, si non in aversionem quatenus, illæ merces, non ponderatæ nec numeratæ erint.

Cum venditur una aut, illa res, usque ad optionem venditorum horum periculum pertinet, sed si ante optionem utraque pereat, ultima fortuito casu amissa emptori perit.

DROIT COMMERCIAL.

DES VOIES DE RECOURS A PRENDRE CONTRE LES JUGEMENTS RENDUS EN MATIÈRE DE FAILLITE.

(Art. 580 et 584 du Code de commerce.)

En principe, les jugements n'ont d'effet qu'à l'égard de ceux qui y ont été parties; ils sont à l'égard des tiers *res inter alios acta.* Cependant il pourrait arriver que l'exécution d'un jugement fît souffrir un dommage indirect à des personnes tierces. Aussi le Code de procédure procure-t-il, non seulement aux parties, mais encore aux tiers, les moyens d'attaquer par *des voies de droit* les jugements qui leur sont préjudiciables. Ces voies de recours contre les jugements en général sont: 1° pour les parties, l'opposition, l'appel, la requête civile et la cassation; 2° pour les tiers, la tierce opposition. On divise les voies de [illegible] ordinaires et en extraordinaires: l'[illegible] [illegible]cours en [illegible] opposition et l'appel sont les voies ordinaires; la requête civile, la cassation [1] et la tierce opposition sont les voies extraordinaires; celles-ci ne peuvent être employées que dans les cas où la loi les a expressément permises. Dans l'ancienne comme dans la nouvelle législation commerciale, sur les voies à prendre contre les jugements rendus en matière de faillite, il n'a jamais été fait mention de la requête civile ou de la cassation. Aussi réduirons-nous à deux (l'opposition et l'appel) les moyens d'attaquer ceux des jugements rendus en matière de faillite, auxquels le Code de commerce n'a point attribué l'autorité de la chose jugée. La tierce opposition n'est pas non plus admissible, parce que le Code de commerce n'en parle pas et qu'il n'est pas permis d'invoquer les règles du droit commun en présence des dispositions limitatives et exceptionnelles des art. 580 et suivants du Code de commerce.

PREMIÈRE PARTIE.

DE L'OPPOSITION.

L'opposition est une voie par laquelle une partie empêche l'exécution d'un jugement par défaut devant les juges qui l'ont rendu. Un jugement est par défaut lorsqu'il est rendu sans que les parties viennent présenter leurs défenses [2]. Or, le jugement qui déclare l'existence de la faillite et celui qui fixe à une date antérieure l'époque de la cessation de payement sont éminemment des jugements par défaut, car les personnes qu'ils inté-

[1] Loi du 1er décembre 1790.
[2] Art. 149 du Code de procédure civile.

ressent n'ont pas été entendues; elles n'ont pas même été appelées, à cause de la célérité avec laquelle il importe d'agir dans les commencements d'une faillite. C'est pourquoi il était de toute justice d'autoriser les intéressés, après que les précautions conservatoires ont été prises à former opposition aux jugements déclaratifs de l'existence et de l'époque de la faillite. Cette voie, qui avait été ouverte par l'ancien Code de commerce, a été conservée par la loi du 28 mai 1838. En comparant l'ancien droit avec le nouveau, en passant en revue les différents projets qui ont précédé le dernier état de la législation, on remarque quelques changements relativement aux délais après lesquels l'opposition n'est plus recevable. Ainsi, suivant l'ancien art. 457 du Code de commerce, le failli pouvait former opposition dans les huit jours qui suivaient ceux de l'affiche; pour les créanciers présents ou représentés ou pour tout autre intéressé, le jugement était susceptible d'opposition jusques et y compris le jour du procès-verbal constatant la vérification des créances; enfin, pour les créanciers en demeure, jusqu'à l'expiration du dernier délai qui leur était accordé.

L'art. 580 du Code de commerce actuel a notablement abrégé les délais, afin d'imprimer à la marche des faillites plus de rapidité et d'en diminuer les formalités et les frais. Maintenant le délai d'opposition est de huit jours pour le failli et d'un mois pour toute autre partie intéressée; ces délais commencent à courir à partir des jours où les formalités de l'affiche et de l'insertion, énoncées dans l'art. 442, ont été accomplies.

On comprend sans peine que le débiteur failli a un intérêt légal à s'opposer à la disposition qui le constitue, malgré lui, en état de faillite, ou bien à celle qui reporte trop loin la date de cette faillite. L'intérêt des héritiers du failli est identique à celui du failli lui-même. Il importe aussi aux créanciers qu'on n'altère pas les affaires et le crédit de leur débiteur par une déclaration de faillite fausse ou prématurée. Enfin, les personnes qui ont contracté avec le failli ont intérêt à contester la faillite, pour échapper à la nullité dont la loi frappe leur convention.

Le jugement intervenu sur l'opposition autorisée par l'art. 580 du Code de commerce est-il lui-même susceptible d'opposition? La négative résulte évidemment de ce que l'opposition en cette partie a tous les caractères de celles qui sont faites aux jugements par défaut rendus en matière civile. Or, l'opposition n'est jamais recevable contre le jugement qui a été débouté d'une première opposition [1]. Par conséquent, le jugement qui statue sur l'opposition, dans l'hypothèse que nous examinons, est réputé contradictoire et ne peut plus être attaqué par opposition.

D'après l'ancien art. 457 du Code de commerce, l'opposition aux jugements rendus en matière de faillite ne suspendait point l'exécution; ils étaient exécutoires provisoirement. Sous ce rapport, nous pensons que la loi nouvelle a introduit encore une innovation; de son silence sur ce point nous tirons la conséquence que le législateur a eu l'intention de renvoyer au droit commun, et l'on sait que l'opposition aux jugements par défaut est suspensive de l'exécution de ces jugements. Donc, les jugements rendus en matière de faillite ne sont plus exécutoires provisoirement, à moins que le tribunal de commerce ne l'ait expressément ordonné.

La première période de la faillite est terminée par la vérification et l'affirmation des créances; après cette époque, la position du failli est fixée d'une manière aussi nette que possible. On a connaissance de ce qui compose son passif. Aussi les délais pour la vérification et l'affirmation étant expirés, les créanciers ne sont plus reçus à faire fixer la date de la cessation des paye-

[1] Art. 165 du Code de procedure civile.

ments à une époque autre que celle qui résulterait du jugement déclaratif de faillite ou d'un jugement postérieur. Après l'expiration de ces délais, l'époque de la cessation de payements est de suite fixée irrévocablement à l'égard des créanciers.

DEUXIÈME PARTIE.

DE L'APPEL.

L'appel est une voie de recours par laquelle une partie condamnée devant un tribunal inférieur demande au tribunal supérieur la réformation du jugement rendu contre elle.

Le Code de procédure civile donne à celui contre lequel est intervenu un jugement par défaut le droit d'en appeler aussitôt après l'expiration du délai d'opposition [1]. Dans le premier projet de loi sur les faillites banqueroutes, présenté par le gouvernement à la session de 1835, on avait introduit un article (alors art. 581) par lequel aucun jugement rendu par défaut, en matière de faillite, ne pouvait être attaqué par la voie de l'appel de la part de ceux qui n'y avaient pas d'abord formé opposition. Le rapporteur de la commission chargée de l'examen du projet, M. Renouard, donnait pour motif qu'il fallait ôter à la partie défaillante le moyen d'éluder le premier degré de juridiction et qu'elle ne pourrait pas s'en plaindre, puisqu'il lui avait plu de se refuser à éclairer le premier juge en s'opposant devant lui à l'exécution du jugement qu'il aurait rendu.

[1] Art. 455 Cod. de proc. civ.

A la session de 1836, on proposa la suppression de cet article 581 comme contraire à toutes nos lois de procédure et comme étant la source probable de nombreux abus et surprises. En effet, c'est précisément parce qu'une personne a perdu la première voie de recours, l'opposition, qu'elle doit conserver la voie de l'appel; c'est précisément parce qu'elle n'a pas été entendue par les premiers juges qu'il est important pour elle d'être entendue devant les juges supérieurs. En conséquence l'article du projet fut supprimé et l'art. 582 du Code de commerce donne actuellement, aux mêmes personnes qui peuvent former opposition aux jugements rendus en matière de faillite, la faculté d'appeler de ces jugements, lors même qu'ils auraient négligé d'employer d'abord la voie de l'opposition.

Le délai d'appel, qui, dans le projet primitif, était de dix jours seulement, a été porté à quinze, qui commencent à courir de la signification du jugement. Et sur l'observation que le délai, s'il était invariablement fixé, sans égard à l'augmentation des distances, serait souvent absorbé par l'éloignement de la partie défaillante du lieu où le jugement lui aurait été signifié, ce délai fut augmenté à raison d'un jour par cinq myriamètres, pour les parties qui sont domiciliées à plus de cinq myriamètres du lieu où siége le tribunal [1].

TROISIÈME PARTIE.

DES JUGEMENTS RENDUS EN MATIÈRE DE FAILLITE QUI NE SONT SUSCEPTIBLES NI D'OPPOSITION, NI D'APPEL, NI DE DERNIER RECOURS EN CASSATION.

Plusieurs matières peuvent utilement être jugées en dernier

1 Art. 582 du Code de commerce.

ressort par les triburaux de commerce, soit par suite de la nécessité qu'il y a d'accélérer les opérations de la faillite, soit parce que, dans certaines circonstances, le tribunal de commerce est à même, bien mieux que beaucoup d'autres juridictions, d'apprécier les faits sur lesquels doit intervenir une décision judiciaire. C'est pourquoi l'art. 583 du Code de commerce porte, etc.

FIN.

www.ingramcontent.com/pod-product-compliance
Ingram Content Group UK Ltd.
Pitfield, Milton Keynes, MK11 3LW, UK
UKHW020440230726
13925UKWH00004B/1760

9 782014 033656